Xx

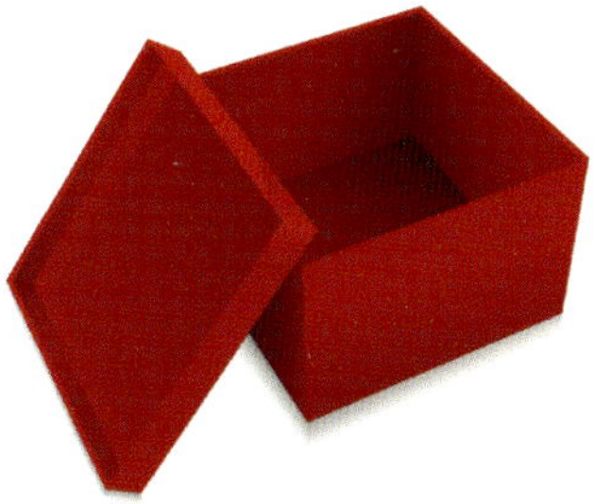

Ransom

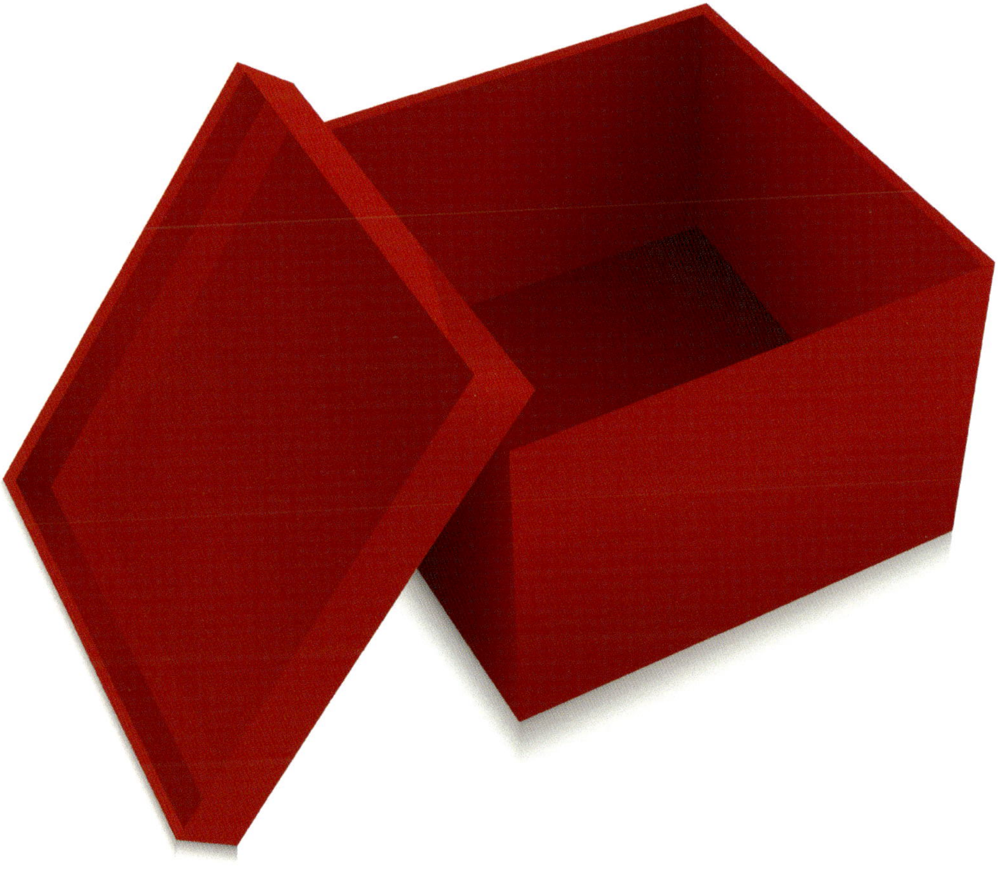

box

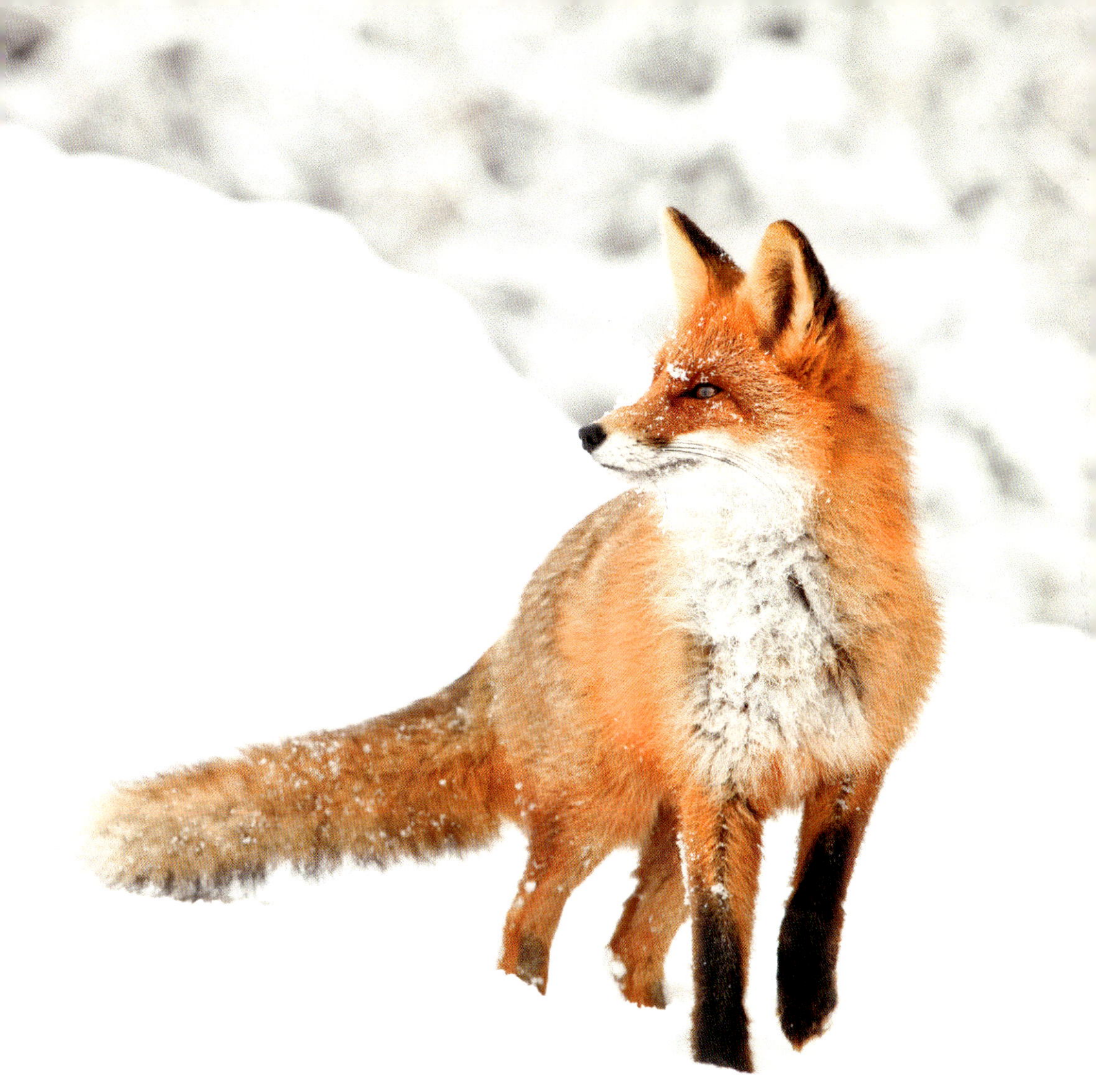

fox

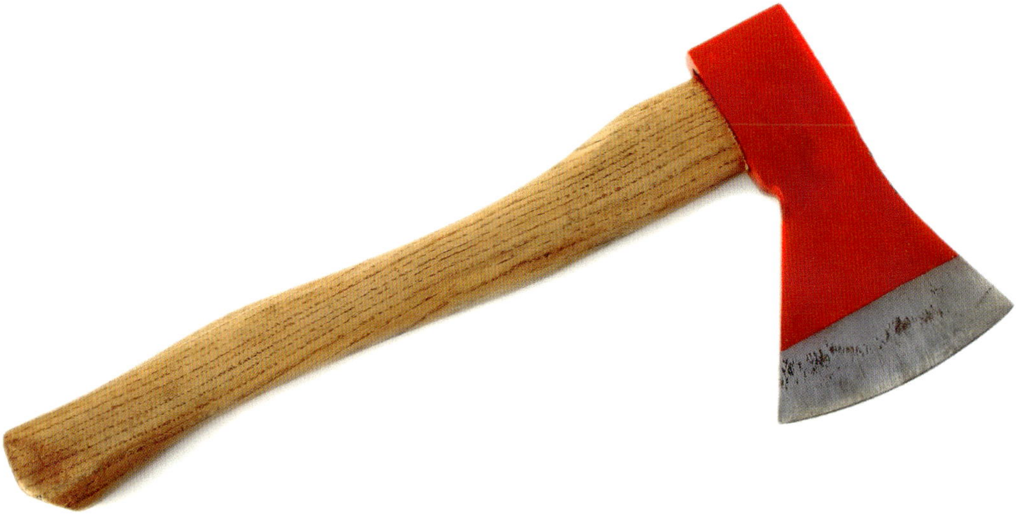

axe

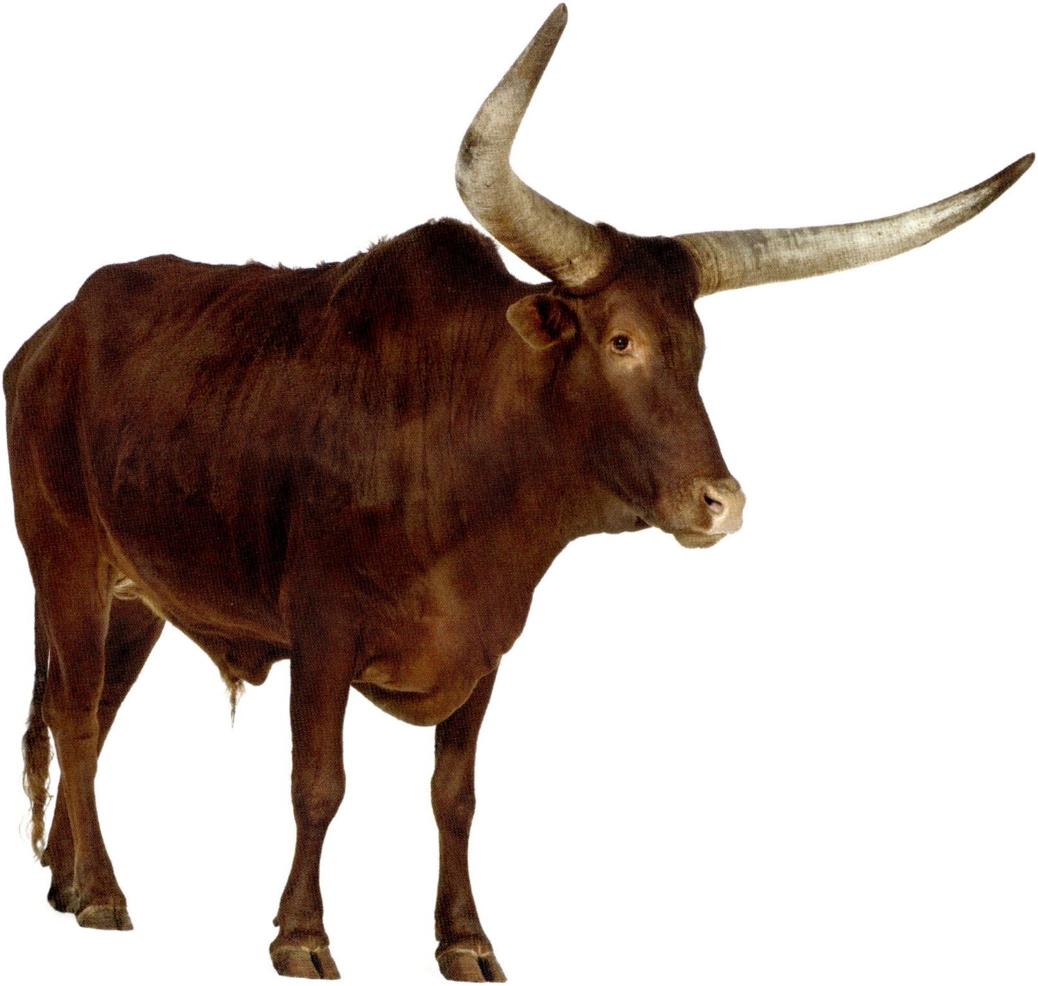

ox

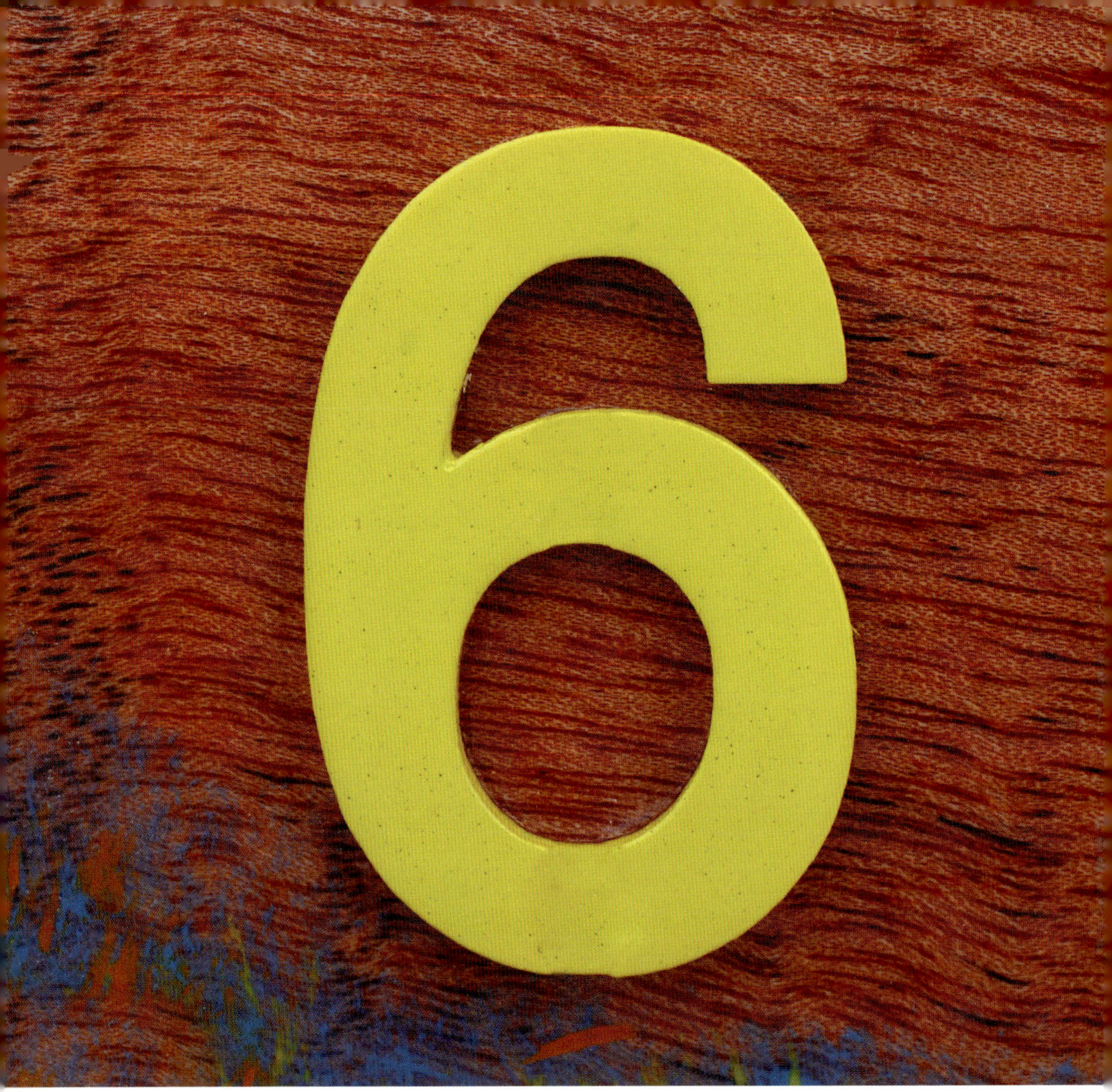

six

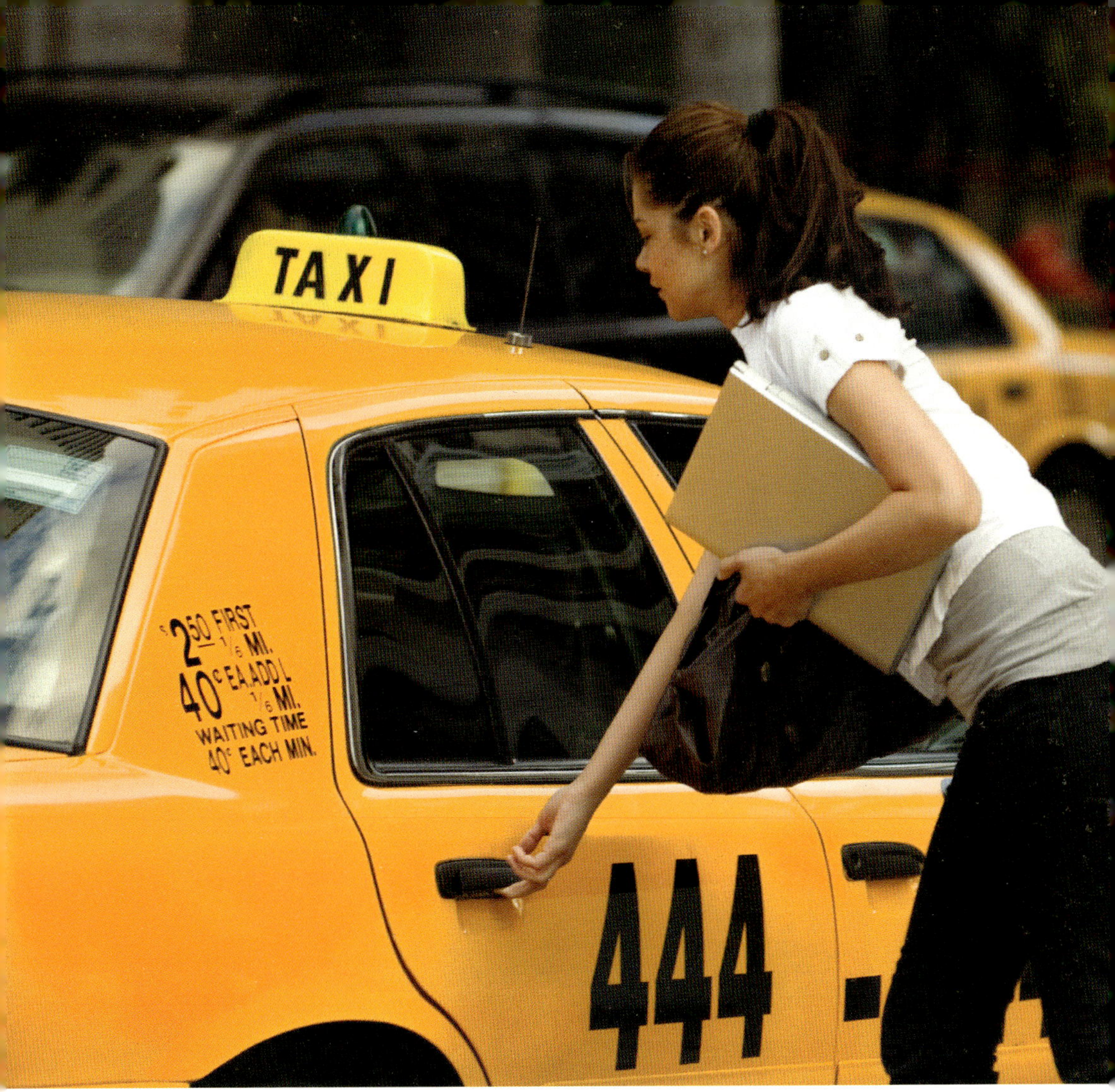
TAXI
$2.50 FIRST 1/6 MI.
40¢ EA.ADD'L 1/6 MI.
WAITING TIME 40¢ EACH MIN.
444

taxi

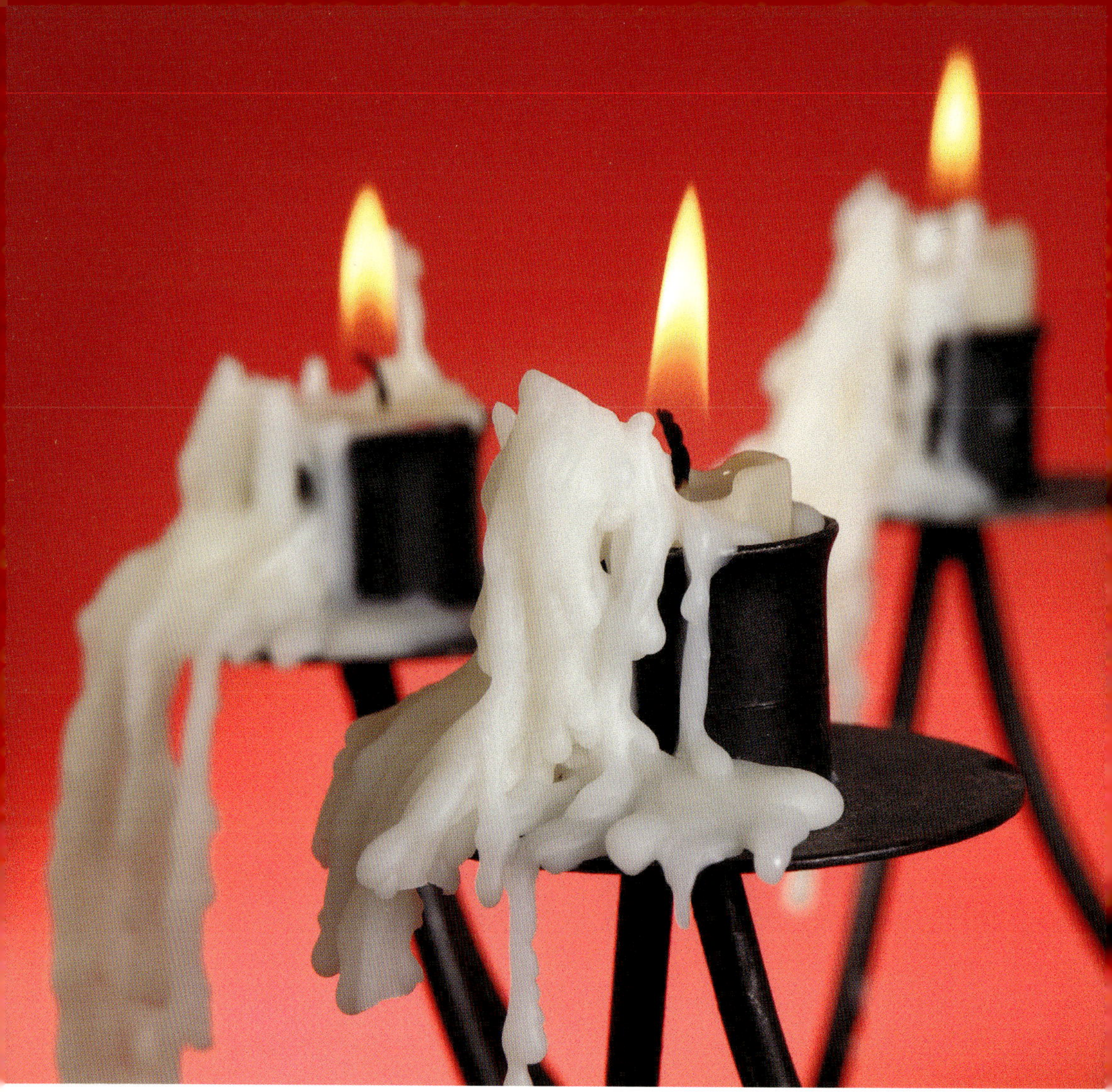

wax

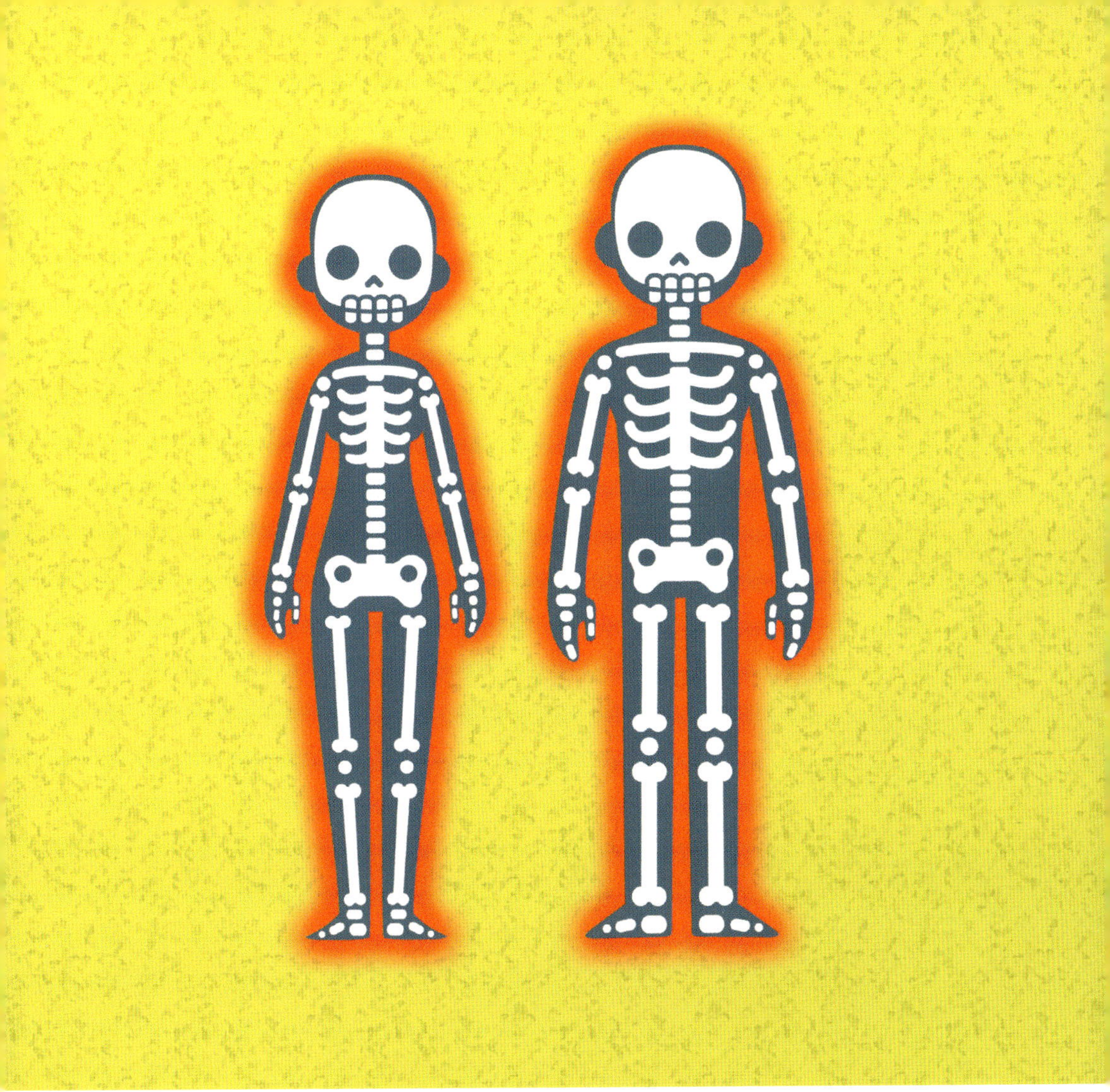

x-ray

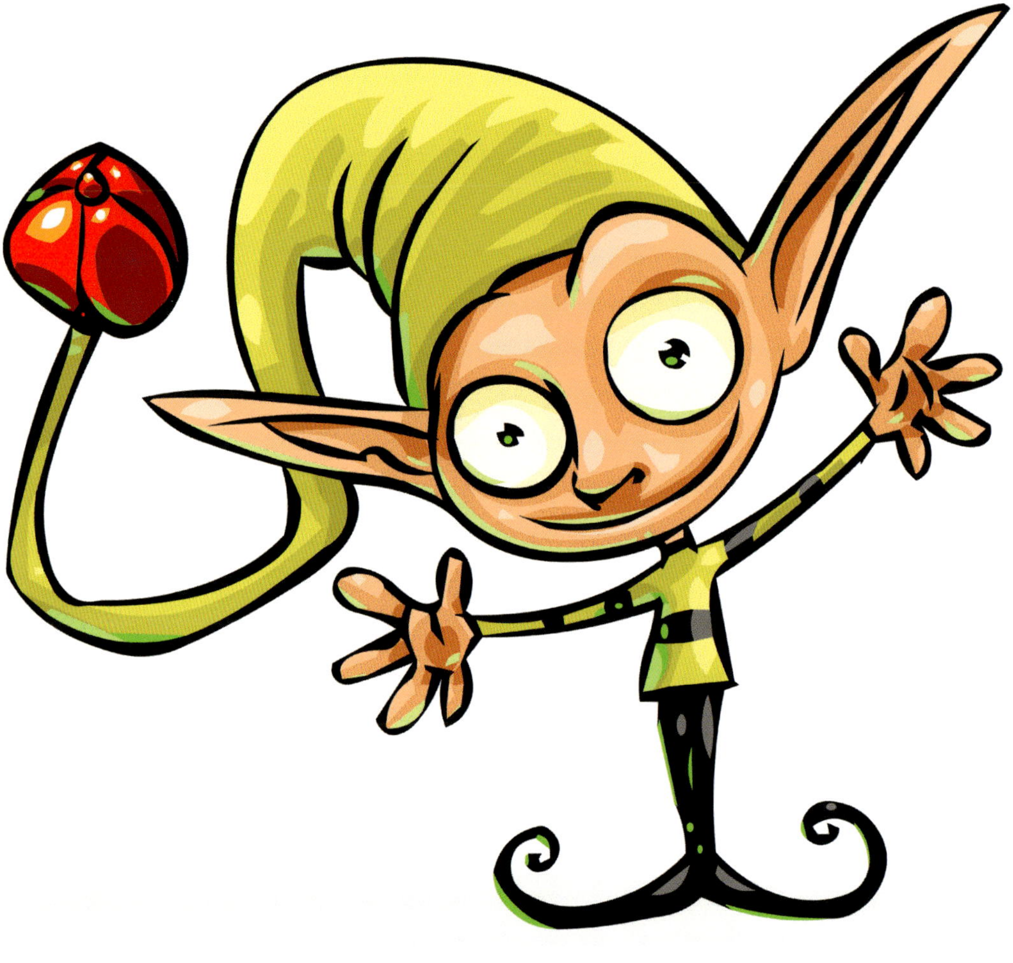

X X X X

X X X X

Xx

box

fox

axe

ox

six

taxi

wax

x-ray